LEO CUNHA | ROSANA RIOS

O ROCK
MANDA
LEMBRANÇAS

elo EDITORA

© 2022 Elo Editora
© Leo Cunha e Rosana Rios

Texto fixado conforme o Acordo Ortográfico da Língua Portuguesa de 1990. (Decreto Legislativo nº 54, de 1995.)

Todos os direitos reservados. Nenhuma parte desta obra pode ser reproduzida ou transmitida por qualquer meio (eletrônico ou mecânico, incluindo fotocópia e gravação), ou arquivada em qualquer sistema ou banco de dados, sem permissão da Elo Editora.

As imagens aplicadas neste material pertencem ao acervo Freepik.com

Publisher: **Marcos Araújo**
Gerente editorial: **Cecilia Bassarani**
Editoras-assistentes: **Helô Beraldo** e **Mariana Cardoso**
Editora de arte: **Susana Leal**
Designers: **Giovanna Romera** e **Kathrein Santos**

Preparação: **Richard Sanches**
Revisão: **Nina Nogueira**
Projeto gráfico: **Susana Leal**

Dados Internacionais de Catalogação na Publicação (CIP)
(Câmara Brasileira do Livro, SP, Brasil)

Rios, Rosana
    O rock manda lembranças / Rosana Rios, Leo Cunha. -- São Paulo : Elo Editora, 2022.

    ISBN 978-65-80355-42-6

    1. Memórias 2. Músicos de rock - História 3. Rock - História e crítica 4. Rock (Música) - Crônicas I. Cunha, Leo. II. Título.

22-137167   CDD-781.6609

Índices para catálogo sistemático:

1. Crônicas : Rock : Música : História 781.6609

Inajara Pires de Souza - Bibliotecária - CRB PR-001652/O

Elo Editora Ltda.
Rua Laguna, 404
04728-001 – São Paulo (SP) – Brasil
Telefone: (11) 4858-6606
www.eloeditora.com.br

@ eloeditora   f eloeditora   ▶ eloeditora

SUMÁRIO

Apresentação
   (ou: de como os autores deste livro descobriram que eram ambos loucos por rock no dia em que atravessaram juntos a Abbey Road, em Londres) 6

A Banda dos Corações Solitários do Sargento Pimenta
   (ou: *a translator is born* / o nascimento de uma tradutora) 8

No Brasil tem guitarras atravessando as ruas?
   (ou: de como o primeiro Rock in Rio realmente aconteceu e *não* foi um plano maligno de vilões antirroqueiros) 15

Tradições, vitrolas e zepelins
   (ou: abaixo o "bate o sino pequenino" e viva as raízes do heavy metal!) 22

Eu e a escuridão
   (ou: memórias obscuras de um adolescente, na década em que era popular ser deprê) 30

As pessoas na sala de jantar
    (ou: era uma vez um violão rachado que foi tocado por um mutante que talvez fosse um alienígena) 33

Cara a cara com o ídolo
    (ou: de como pagar um grande mico com aquele artista incrível, de quem você é fã, sem perder a pose e a idolatria) 38

Don't Stop Me Now
    (ou: das alegrias de não ser interrompida quando dá vontade de cantar com o Freddie) 43

Sanguinário!
    (ou: vou chamar a polícia!) 48

Rock de presente
    (ou: prova de que filhos de mãe roqueira não escapam à genética e de que mães roqueiras podem fazer propaganda de rádios legais impunemente) 51

Feliz no fim do mundo
    (ou: a incrível história do cara que perseguiu um show por quase vinte anos e que no último minuto foi salvo por um vendedor de água mineral) 57

O primeiro show de rock da minha vida
    (ou: rock também é história) 63

Música serve para rir
    (ou: elucubrações sobre a utilidade do rock, da música, da poesia e dos chapéus que parecem vasinhos de palha) 70

Sixty-four
    (ou: de como ainda existe vida — e rock and roll — na terceira idade) 75

The Boy Band Theory
    (ou: o que é que eu tô fazendo aqui?) 81

APRESENTAÇÃO

Atravessar com alguém a Abbey Road, repetindo o que os quatro Beatles fizeram em 1967, parece o máximo da cumplicidade roqueira, não é não? Pois bem: Rosana Rios e Leo Cunha já cruzaram essa famosa rua, juntos, numa deliciosa tarde de outono, que terminaria com os dois — mais o Celso, marido da Rosana — visitando uma exposição sobre os quarenta anos do punk rock, na Biblioteca Britânica, em Londres.

Mas saiba, leitor, que a maior comunhão roqueira não é nada disso, mas sim escrever em dupla esta coletânea de crônicas. *O rock manda lembranças* reúne histórias de shows marcantes, discos inesquecíveis e saudosas estações de rádio especializadas no velho e ótimo rock 'n' roll. Acima de tudo, revela como a música se entranhou na memória afetiva de Leo e Rosana, desde a adolescência. Ainda bem que as canções nos ajudam a enfrentar os conflitos e dilemas da juventude! Ainda bem que fazem parte da nossa formação como indivíduos, cidadãos, amigos, companheiros, pais.

Tem gente que não gosta de rock, acha que roqueiros são bichos esquisitos, um povo diferente, que veio de outro planeta. Mas sabe como é... O mundo é feito de pessoas diferentes, e é bom a gente aprender a conviver com todas!

Mesmo que você, leitor, não seja propriamente um roqueiro, vai curtir essas crônicas. Afinal de contas, mais que um gênero ou um ritmo, o rock é um estado de espírito. Não é à toa que no célebre Rock and Roll Hall of Fame, em Cleveland (EUA), estão imortalizados não apenas roqueiros propriamente ditos, como Beatles, Beach Boys, Pink Floyd, Queen, Metallica ou Green Day, mas também vários feras do reggae (como Bob Marley e Jimmy Cliff), da soul music (como James Brown e Stevie Wonder), da disco music (Donna Summer e o Abba), do rap (como Tupac Shakur e o Run DMC).

Todo adolescente que se preze tem seus ídolos musicais e sonha em ir *naquele* show, dar de cara com *aquele* cantor. Antigamente, gravávamos nossa canção favorita numa fita cassete, num CD; atualmente, isso é feito diretamente no celular. Sempre foi e sempre será assim. Com menos ou mais guitarras, menos ou mais garganta, menos ou mais glitter, os roqueiros estão aí para conquistar pencas de fãs. E inspiram muitos causos e lembranças, como os que Rosana e Leo contam aqui.

Seja bem-vindo: *We will rock you!*

» A BANDA DOS CORAÇÕES SOLITÁRIOS DO SARGENTO PIMENTA

O fiasco da primeira tradução inglês-português da minha vida (São Paulo, 1967)

Eu tinha 12 anos e estava na primeira série do ginásio, que hoje seria o sexto ano. Depois de um dos costumeiros almoços de domingo na casa dos meus avós, enquanto os adultos se ligavam no futebol, meu tio, que era só um pouco mais velho que eu, botou para tocar na vitrola um disco novo que havia comprado. Um LP com doze músicas.

Era rock.

Mas não era *só* rock.

No dia, fiquei boquiaberta. Décadas depois, eu descobriria que o que eu tinha ouvido naquela tarde domingueira era considerado o mais importante álbum roqueiro de todos os tempos...

Tudo bem que minha infância foi bem diferente, apesar de a educação musical que recebi ter começado da maneira óbvia: estudando piano, como quase toda garota naqueles tempos. É que lá em casa a gente ouvia todo tipo de música, pois, apesar de meu pai ter acabado de comprar nossa primeira televisão, ela só era ligada à noite. O rádio ficava sintonizado o dia todo, porque minha mãe adorava música.

Eu e ela ouvíamos e cantávamos junto. Peças clássicas, sonatas, boleros, canções francesas, samba, baião, big bands americanas, tango, mambo, música caipira, óperas, operetas. Não havia preconceito: íamos de Luiz Gonzaga a Rimsky-Korsakov sem pestanejar, com direito a pausas para a Inezita Barroso desfiar "A marvada pinga" e Nat King Cole cantar "Stardust". A bossa nova foi bem-vinda lá em casa: as dissonâncias do Tom Jobim não espantavam quem estava acostumado a ouvir Gershwin e Cole Porter... E, além disso tudo, havia ainda o jazz e um certo Elvis.

Foi então que apareceram nas ondas radiofônicas uns tais rapazes de Liverpool.

A primeira canção dos Beatles a chamar minha atenção foi "I Wanna Hold Your Hand". Tocava muito no rádio. E vieram outras, "Twist and Shout", "All My Loving", "Do You Want to Know a Secret"... Quando ouvi "Help" pela primeira vez, eu já tinha decidido que amava rock — nisso, ajudava muito o fato de ouvir pessoas mais velhas destratarem John, Paul, George e Ringo, chamando-os de "aqueles cabeludos malucos".

Conheci outros conjuntos, é claro (a gente nunca dizia bandas, naqueles tempos; banda era quem tocava música marcial. O twist e o rock eram interpretados por *conjuntos*). Meu tio tinha discos dos Monkees e dos Rolling Stones, e, nas conversas com as amigas do colégio, conheci outros grupos que cantavam em inglês. Mas eu não sabia ainda a diferença entre os roquinhos dançantes e o sagrado ROCK 'N' ROLL.

Naquele domingo de 1967, eu começava a descobrir. Assim como ia começar a desvendar os mistérios da língua inglesa.

Acontece que, no começo dos anos 1960, a gente não estudava inglês na escola. Tínhamos aula de francês. Eu conhecia algumas palavras e expressões óbvias, tipo *"good morning"*, *"today"*, *"yesterday"*, *"come on"* e *"hi ho silver"*, cortesia dos "enlatados", como meu pai chamava os seriados norte-americanos que, já nos primórdios, a gente via na tevê. E isso significava que, com exceção do que conseguia pescar nos rocks, como *love, help, sky*, tudo que os quatro rapazes de Liverpool berravam entre guitarras era grego para mim. Dava para entender perfeitamente se no rádio a Édith Piaf vociferava *"Non, rien de rien / Non, je ne regrette rien"*, mas eu não tinha a menor ideia do que significava *"It was twenty years ago today / Sergeant Pepper taught the band to play"*.

E aí é que veio a melhor parte: aquele LP dos Beatles, além das fotos bizarras e do bigode de papelão para a gente recortar e botar na cara (sim, havia isso no encarte do álbum e insígnias da banda de um tal sargento), trazia, na contracapa, as letras das músicas. Era possível ouvir e acompanhar por escrito o que Paul e John cantavam, já que as vozes de Ringo e George só se sobressaíam eventualmente.

Era emocionante!

Eu curtia cada uma das faixas; dançava nas mais agitadas, ficava melancólica com "She's Leaving Home", tinha um sobressalto com o galo cantando em "Good Morning" e sentia um medo estranho com o som que ia crescendo no final de "A Day in the Life".

E tinha ainda o som misterioso que se repetia quando o disco acabava! Uma musiquinha ininteligível que alguns diziam que era defeito no disco; outros, que era uma mensagem do além;

outros, ainda, que, se ouvíssemos aquilo ao contrário, teríamos a revelação de que Paul McCartney estava morto. Foi muito comentada, na época, a teoria da conspiração de que ele tinha morrido num acidente de carro e que os produtores esconderam sua morte; o rádio dizia que haviam até arrumado um sósia, um Paul falso para tomar o lugar dele nos shows.

De qualquer forma, o rock dos Beatles tomou conta da minha cabeça. E, com um tesouro daqueles em mãos, resolvi traduzir as letras. Finalmente eu ia cantar sabendo o que estava dizendo!

Desencavei um velho dicionário inglês-português que tinha sido do meu pai e que andava esquecido num canto. Abri um caderno e comecei a copiar as letras, deixando espaço para a tradução.

A primeira que escolhi foi "Lucy in the Sky with Diamonds", que, imediatamente, verti para a língua pátria como "Lúcia no céu com diamantes". Ia ser fácil demais.

Só que não.

Logo na primeira frase, desconfiei de que havia uma diferença entre "verter" e "traduzir". É bom lembrar que naqueles tempos não existia Google; aliás, se alguém me dissesse que um dia eu teria celular, tablet, internet e corretor ortográfico em várias línguas, eu riria da bobagem futurista! Essas coisas só aconteciam em seriados de ficção científica (e eu assistia a todos, por sinal).

Voltando a 1967, depois de traduzido o título, continuei. Bora procurar palavras no dicionário.

"*Picture*" queria dizer "quadro".

"*Yourself*" significava "você mesmo".

"*In a boat*", "em um barco".

"*On a river*", "sobre um rio".

Aí eu empaquei. "Tangerina árvores"? "Marmelada céus"?

Quando cheguei à frase em que "jornal táxis aparecem sobre a praia", desisti. Aquilo não fazia sentido. Será que os mais velhos tinham razão quando diziam que os quatro cabeludos de Liverpool eram doidos?

Em 1968, passei para a terceira série (hoje, oitavo ano) e descobri que teria aulas de inglês. Com a inestimável professora que apareceu, dona Zilda, comecei a desvendar os mistérios da língua inglesa... E pude, afinal, entender o que os Beatles queriam dizer quando cantavam *"Climb in the back with your head in the clouds / And you're gone..."*.

Mais de cinquenta anos se passaram depois daquela tarde de domingo em que tive nas mãos, pela primeira vez, o álbum de fundo vermelho com fotos estranhas, bigodes recortáveis e letras de música. O mundo mudou tanto nessas décadas... E eu também.

Decorei todas as canções do disco, já compreendendo o significado de cada frase. Tornei-me fluente em inglês, a ponto de traduzir alguns livros profissionalmente. Conheci a Inglaterra, fui ao Cavern Club, em Liverpool, o espaço onde os Beatles tocaram no início. Atravessei a Abbey Road, em Londres, na mesma faixa de pedestres em que eles foram fotografados. Chorei quando John foi assassinado e quando George foi arrebatado pela doença. Visitei o Strawberry Fields, pedacinho do Central Park, em Nova York, dedicado à memória de John. De lá, além das árvores do parque, fotografei o Edifício Dakota, local de moradia de John e Yoko.

Esperei o metrô bem ali na frente, na estação 72 Street. Sentada no único banco da estação, eu imaginava quantas vezes John teria se sentado naquele mesmo lugar...

Os Beatles não existem mais, e tudo neste mundo pode ter mudado, mas pegar esse álbum histórico nas mãos ainda me emociona. Cada vez que ouço a sequência das músicas — que ainda sei de cor —, volta à minha alma o maravilhamento, idêntico ao que tive naquele domingo de 1967. O arrepio na espinha ao escutar a cacofonia crescente no fim de "A Day in the Life", a sensação de que tenho a vida toda, cheia de surpresas, pela frente.

Volto no tempo, para o dia em que ouvi pela primeira vez as canções da fictícia banda do Sargento Pimenta, na qual, ao que parece, todos tinham corações solitários.

NO BRASIL TEM GUITARRAS ATRAVESSANDO AS RUAS?

Queen, Rock in Rio 1
(Rio de Janeiro, Cidade do Rock, 1985)

Para os americanos, a ideia de uma banda de rock brasileira era completamente absurda. Foi o que eu logo percebi quando morei no Texas, em 1984, como intercambista. Temos que dar um desconto: naquela época, era bem mais difícil conseguir informações. A internet ainda não existia (ou, se existia, era ainda um *top secret* dos militares). A TV a cabo estava dando seus primeiros choques (nos EUA, já que no Brasil ainda não estava nem chocando). Mas, acima de tudo, o pessoal de lá não me parecia muito interessado em conhecer outros países. Muito menos outras culturas. Menos ainda os gêneros musicais de um país distante como o meu, que eles mal sabiam onde ficava. Uma vez me perguntaram quanto tempo tinha demorado meu voo da Ásia até a América. Precisei explicar, sem jeito, que eu nunca tinha saído da tal América.

Eles se espantavam quando eu jurava que não havia macacos e cobras nas ruas da minha cidade, Belo Horizonte (claro que nunca conseguiam pronunciar o nome, saía algo como "bailourizanche"). Para eles, isso era tão inacreditável quanto se eu jurasse que havia guitarras atravessando as ruas. Afinal de contas, na cabeça deles, guitarra era uma invenção ianque, com *copyright*, *trademark* e tudo o mais que garantisse: o rock é nosso, *born in the USA*. Aliás, foi em 1984 que o Bruce Springsteen lançou essa canção demolidora que até hoje muita gente pensa que é uma ode aos EUA, quando na verdade é um lamento ferino e doído sobre a sociedade americana. Trinta anos depois, eu vi o Bruce ao vivo no Rock in Rio de 2014, mas isso é outra história, para outro livro.

Quando eu tentava dizer pros meus amigos texanos que existia rock no Brasil, eles riam, trucavam, trocavam olhares de piedade. Minhas fitas cassete Basf, pretinhas, com músicas das minhas bandas favoritas, não ajudavam em nada. Eu mostrava Paralamas do Sucesso, e eles retrucavam: é reggae. Eu mostrava 14 Bis, e eles zoavam: é meio country. Eu mostrava Mutantes, e eles não faziam ideia do quê que era aquilo, como ninguém no Brasil faz ideia, ainda hoje — por isso Mutantes é tão genial.

Não adiantava discutir: o rock and roll era propriedade particular deles (abriam exceção pros britânicos, e olhe lá!). Era algo tão corriqueiro quanto a tal *peanut butter* e um refrigerante chamado Dr. Pepper, duas coisas intragáveis e das quais não consegui aprender a gostar. Mas foi fácil, pra mim, entender tamanha intimidade dos gringos com o rock. Num mesmo fim de semana, a gente podia escolher se ia a um show do U2 ou do Van Halen, ambos tocando em Dallas, a meia hora da minha casa. No fim de semana seguinte, a dúvida era entre o Aerosmith, já veterano na época, ou o show de um grupinho iniciante, um tal de R.E.M. (vou falar mais deles lá para o meio do livro).

Eu ficava embasbacado com a quantidade e a variedade de shows no guia do *Dallas Morning News*, jornal que eu lia diariamente e que tanto me ajudou a aprimorar meu inglês. Quando é que eu ia encontrar tantas opções no Brasil? *Never!*

Mas eu estava redondamente enganado. Em agosto de 1984, quando meu intercâmbio estava pela metade, uma DDI (discagem direta internacional) do meu pai me trouxe a notícia mais inesperada do mundo: o Rock in Rio. Seriam dez dias seguidos de shows, de tudo quanto era modalidade de rock, além de uns jazzistas de contrabando. Os fãs de metal pesado saíram no lucro, pois ia ter AC/DC, que eu adorava, Iron Maiden, que eu também curtia, Scorpions, Judas Priest e o mitológico Ozzy Osbourne, oriundo do meu querido Black Sabbath... A galera do progressivo ia contar só com o Yes, mas o show demorava umas 4 horas, segundo as más-línguas. Ia ter uma turminha pop moderninha, que não era desinteressante: as meninas do Go-Go's, os maluquetes do B52's, a doidíssima Nina Hagen (que até hoje me rende um trocadilho infame: "foi um prazer *in nina hagen* te conhecer"). O elenco também tinha muito roqueiro brasileiro, do Erasmo Carlos ao Barão Vermelho, da Rita Lee ao Kid Abelha, de Baby Consuelo à Blitz, além de outros que aproveitaram o conceito bem impreciso de "rock" que o festival adotou desde a primeira edição: Ivan Lins, Elba Ramalho, Alceu Valença, Moraes Moreira... tudo filhote de Elvis?

Mas o mais legal é que eu ia poder superar minha frustração por ter perdido o megashow do Queen em São Paulo, em 1981, quando meus pais me acharam novo demais pra assistir. Finalmente eu ia ver o Queen ao vivo! E não apenas uma, mas duas vezes! Isso mesmo, porque naquele primeiro Rock in Rio, cada banda iria se apresentar dois dias, fora o Iron Maiden, que estava bem no meio de uma turnê nos EUA e vinha só num bate e volta. A perspectiva de ver dois shows do Queen, no Brasil, dali a poucos meses, me parecia um milagre, miragem, mentira do meu pai no telefone. Mas era pra valer.

Pois bem. No dia 10 de janeiro de 1985, parado em frente ao Copacabana Palace, o que é que eu vejo? Duas cobras atravessando a avenida! Ou melhor, duas guitarras. Eram os integrantes do Whitesnake, que iam tirar umas fotos promocionais no calçadão da avenida Atlântica. Tive vontade de ligar pros meus amigos americanos e dizer que agora só faltavam os macacos. Cobras e lagartos, eu ia dizer.

No dia seguinte, lá estava eu, no meio da multidão que assistiu ao primeiro dia de Rock in Rio. Emocionado. Incrédulo. Atônito. Afônico. Depois de cinco horas no trânsito infernal da Zona Sul até a chamada Cidade do Rock, em Jacarepaguá, todos se perguntavam: será que as bandas vão conseguir chegar? Será que vai ter show mesmo? Será que não é tudo um delírio, uma ilusão? Será que não é um plano maligno pra reunir centenas de milhares de roqueiros e soltar uma bomba em cima da gente? Hoje essa paranoia pode parecer exagero, mas não custa lembrar que bem ali do lado ficava o Riocentro, palco do atentado terrorista que, em 1981, um grupo de militares radicais tentou realizar contra milhares de trabalhadores que assistiam a um show do Gonzaguinha, no Dia do Trabalhador. Para azar (dos militares) e sorte (dos trabalhadores), a bomba explodiu antes da hora, no colo do Sargento Rosário. No colo da ditadura, que a partir dali desceu ladeira abaixo.

Mas toda a nossa preocupação desapareceu no momento em que os primeiros artistas começaram a tocar. Quando o Queen subiu ao palco, para fechar a noite, minha única curiosidade mesmo era saber que músicas Freddie Mercury cantaria, entre as mais de cem do repertório. Hoje em dia, a gente encontra na internet o *set list* de qualquer show de qualquer banda do planeta, mas, na época, era um exercício de adivinhação e desejo. Será que tocariam muita coisa dos primeiros discos, que eram os meus preferidos? "Killer Queen", com sua safadeza divertida? "Tie Your Mother Down", com seu arrasador riff de guitarra? "Keep Yourself Alive"? "My Fairy King"? As três primeiras entraram, para minha felicidade, com outras vinte músicas inesquecíveis, misturadas com apenas duas ou três que eu não curtia muito, aquelas mais melosas, dos discos mais recentes, na época. Anotei tudo num papelzinho que ainda tenho guardado.

Os hits inevitáveis marcaram presença, como "We Will Rock You", "Somebody to Love", "We Are the Champions", "Crazy Little Thing Called Love", "Under Pressure", "Radio Ga Ga" e, claro, "Love of My Life". Como tinha acontecido no show de 1981, em São Paulo (que eu só pude ver na televisão), Freddie Mercury mal precisou cantar essa música: como um maestro, apenas regia cerca de 300 mil vozes que cantavam juntas e que, provavelmente, podiam ser ouvidas lá do Leblon! Depois disso, o Freddie — ele, sim, um legítimo descendente do espírito roqueiro de Elvis — mandou uma versão bem abusada de "Jailhouse Rock".

Outro momento arrepiante foi aquele, tradicional nos shows do Queen, em que a banda sai do palco e deixa apenas um jogo frenético de luzes e a gravação da parte operística de "Bohemian Rhapsody". Até hoje, trinta anos depois, é a única canção que não pode faltar no carro, em nenhuma viagem que faço com minha mulher, Valéria, e meus filhos Sofia e Dedé, que sabem a música de cor.

Ao final do bis, eu, que tinha esperado anos e anos por aquele dia, senti um orgulho danado de ser brasileiro, da terra daquele improvável e inusitado festival. A ditadura militar estava em seus últimos dias, o Rock in Rio nos primeiros, e só faltavam oito pro próximo show do Queen.

TRADIÇÕES, VITROLAS E ZEPELINS

Uma escadaria para o paraíso e mais um montão de amor (São Paulo, 1969)

Tradições são importantes. Não pela coisa em si, mas pelo significado que cada uma tem para um grupo de pessoas. O que eu penso é que as tradições não podem se cristalizar: elas se transformam, mudam com o tempo, e isso é bom.

Um exemplo típico disso é o Natal, festa mais amada por muitos povos ocidentais. Árvore? Presépio? Papai Noel? Tudo bem. Minha casa é o local tradicional para a família se reunir todos os anos e realizar o almoço de Natal. Até aí, nada de mais; porém, o estranhamento e a instituição de uma nova tradição-dentro-da-tradição se deram anos atrás, quando eu estava esperando os familiares com a casa arrumada, a mesa posta, os presentes embrulhados, as luzinhas piscando na árvore — e resolvi ouvir música.

Sem paciência para os *jingle bells* e as *noites felizes* do mundo musical, eu estava a fim de algo mais substancioso. E pus no aparelho de som aquele que para mim é o clássico dos clássicos: "Stairway to Heaven".

Pronto. Estava inaugurada a mais nova tradição da minha casa, que continuou firme e forte no decorrer dos anos. Almoço de Natal, aqui, é ao som de rock. Mais especificamente, de Led Zeppelin.

E isso me remete a lembranças dos idos de 1969, quando eu havia completado 14 anos. Meu presente de aniversário naquele ano foi uma vitrola portátil. Era pequena, de plástico vermelho, facilmente transportável. E eu fiquei extasiada. Na época, meu acervo musical consistia apenas de uns poucos e pequenos discos de vinil, os *singles* — que chamávamos de "compacto simples". Havia uma música no lado 1 da bolachinha preta e outra no verso, o lado 2.

Claro que meus escassos discos pertenciam ao gênero rock e haviam sido recebidos de presente em aniversários e natais. Como eram poucos, depois de ganhar a vitrolinha eu ouvia as mesmas músicas dezenas de vezes sem parar, para desespero dos meus pais.

Mas minha amiga Sônia, também fã de música, sempre juntava suas mesadas e conseguia comprar LPs — os bolachões de vinil que continham dez, doze canções cada um! Ter um LP era maravilhoso, e tocá-lo não matava a família de tédio.

Nosso ponto de encontro roqueiro, após a escola, era uma lojinha de discos na rua Teodoro Sampaio, no bairro de Pinheiros, em São Paulo. Pequeniníssima, exibia prateleiras de madeira repletas de compactos e LPs, que nós vasculhávamos à procura de coisas interessantes.

A loja chamava-se Scol (ou seria Skol?), e acredito que éramos suas melhores freguesas — as tímidas garotas da ala nerd de um colégio estadual, em castos uniformes escolares (o comprimento das saias era fiscalizado na escola; minissaia, nem pensar!).

A gente pousava os fichários num canto e começava a discutir com a balconista as novidades no mundo do rock and roll. Em 1969, lamentamos a morte do Brian Jones, dos Rolling Stones. Em 1970, foi a do incrível guitarrista Jimi Hendrix. Mas o falecimento mais sofrido aconteceu em 1971. Minha amiga chegou no colégio com um recorte — não lembro se era de jornal ou revista — que noticiava a morte de Jim Morrison.

Ela era especialmente fã dos Doors e estava desolada. Eu não era tão fã quanto ela, mas havia apreciado durante anos o balanço de "Light My Fire"; minhas preferidas na voz do Rei Lagarto eram "Riders on the Storm" e "Love Her Madly". Claro que, na inocência dos nossos 14-15 anos, só líamos revistas adolescentes; rock, para nós, era só boa música...

E iniciamos uma tradição particular, nas tardes livres em que não havia trabalhos de escola para fazer: eu saía de casa e atravessava o bairro até a casa da minha amiga, levando a fiel vitrolinha em mãos, preciosa bagagem para nossas viagens musicais. No quarto da Sônia, a gente se sentava no chão, ligava o aparelho e começava a ouvir rock atrás de rock, enquanto a mãe dela fazia pipoca e limonada. Tardes mais singelas e barulhentas, impossível!

Era comum ouvirmos Beatles, Hollies, Eagles, The Mamas & The Papas, Beach Boys, Monkees — estes tinham um programa de TV, o que nos fazia querer conhecer as trilhas que não tocavam nos episódios. Eu gostava tanto dessa banda televisiva que batizei minha vitrolinha de Monkeetrola... mas o tempo provaria que ela estava destinada a tocar coisas bem mais complexas que o pop rock.

Choviam bandas inglesas e americanas nos programas de rádio, e minha amiga começou a lotar uma gaveta com compactos, simples e duplos, com tudo o que ela achava interessante. Os LPs ficavam em um lugar de honra.

Nas tradicionais tardes de pipoca e vitrola, íamos dos sucessos radiofônicos óbvios, como "My Pledge of Love", do Joe Jeffrey Group, e "Hair", interpretada pelos Cowsills, às bandas bem menos conhecidas por aqui, como The Foundations. Muitas vezes, quando os mencionava, ninguém parecia conhecê-los, a não ser eu, a Sônia e os irmãos Farrelly, os cineastas que em 1998 usaram uma das nossas canções favoritas dos Foundations, "Build Me Up Buttercup", como tema do filme *Quem vai ficar com Mary?*.

Outro dos nossos discos preferidos era o de uma banda (por incrível que pareça) belga, Wallace Collection, que fazia rock na Bélgica usando uma mistura de guitarras, bateria, baixo e acordes que remetiam à música clássica, com violinos e tudo. Juntei minhas moedinhas para comprar o LP deles, *Daydream*, que tenho até hoje e que se tornou antológico.

Mas, um dia, lá pelos idos de 1970, minha amiga queria me mostrar um LP novo que ela havia comprado; era de uma banda inglesa que tinha começado a gravar no ano anterior. Ela pôs para tocar a primeira canção...

E nós congelamos.

Foi perturbador. As guitarras deslizavam. Dissonâncias pululavam. O vocalista se esgoelava. E eu nunca tinha ouvido algo tão estanho na vida.

O disco era o *Led Zeppelin II*, em que quatro roqueiros cabeludos, Jimmy Page, Robert Plant, John Paul Jones e John Bonham, haviam concebido algo emblemático que se chamou "Whole Lotta Love". Nós ouvíamos aquilo sem parar, achando horrível e maravilhoso ao mesmo tempo.

Natural. Éramos adolescentes chegando aos 15 anos, com os hormônios fervilhando, a vontade de contestar tudo que era certinho, estabelecido, e tomadas pela sensação de imortalidade que faz parte da idade. Tínhamos acabado de descobrir os primórdios do heavy metal. Catarse pura: nos momentos complicados da vida, quando me dava vontade de gritar, era só cantar "Whole Lotta Love" que eu botava as frustrações para fora e me acalmava — embora desesperasse os vizinhos.

Led Zeppelin exibia, nas capas de seus álbuns, um zepelim percorrendo os céus. Os arranjos mesclavam sons inusitados com as guitarras inovadoras, enquanto o baixo mantinha as empolgantes batidas herdadas do blues. Era sensacional, contagiante, energético, e ainda é.

Se no *Led II* eles arrasaram, no *Led IV* veio a já citada "Stairway to Heaven", que muita gente considera o mais incrível rock de todos os tempos — claro que, para alguns, empatado com "Bohemian Rhapsody", do Queen.

As décadas passaram, muitos dos meus vinis sumiram, mas hoje eu tenho na estante vários CDs dessa e de outras bandas, inclusive o *Led II* e o *IV*, meus preciosos.

As tradicionais tardes de ouvir rock na vitrolinha, tomando limonada e comendo pipoca, não existem mais; novas tradições vieram, como tem de ser. Um exemplo é a dos almoços de Natal que acontecem por aqui com a família: eles são temperados com a guitarra de Jimmy Page e a voz de Robert Plant. Se alguém preferir os *jingle bells* da vida, não há problema... Mas, pelo menos por enquanto, aqui em casa o som é outro.

EU E A ESCURIDÃO

Lembranças dark, mas nem tanto, dos anos 1980
(Belo Horizonte, 1982)

Sempre fui um cara otimista, pra cima, mais (pre)ocupado com a vida do que com a morte. Porém, curiosamente, na minha adolescência eu flertei diversas vezes com a escuridão. E sempre a música estava no meio da bagunça.

Com 15 para 16 anos, montei com dois amigos uma empresa de sonorização de festas. Na época, várias colegas e vizinhas estavam completando 15 anos e comemoravam em festinhas com muita música, luzes estroboscópicas etc. Eu, Marcelo e Antônio percebemos ali um grande filão.

Como sempre adorei música, já acumulava, na época, uns duzentos LPs (o antigo disco de vinil), o Marcelo mais uns duzentos, e o Antônio, quase isso. Juntando as mesadas, envenenamos nossa aparelhagem de som com um equalizador e um mixer, umas luzes coloridas e um daqueles globos espelhados, tipo discoteca.

Era 1981 e ninguém falava em empreendedorismo, protagonismo, empoderamento do jovem nem coisa que o valha, mas vejo hoje que éramos, sem saber, três autênticos jovens empreendedores, protagonistas e empoderados. Ou quase isso. Na hora de batizar nossa micro-bem-microempresa, escolhemos o nome Darkness, sabe-se lá por quê.

E não é que a tal da Darkness foi um sucesso? As festas pipocavam pra todo lado, em clubes e salões, e em pouco tempo conseguimos juntar uma boa grana, comprar novos equipamentos, uma pancada de luzes e discos — a maioria de música dançante da época. Só nos esquecemos de comprar um ventilador... e foi esse nosso grande vacilo.

Um belo fim de semana, fomos convidados para fazer o som da festa de 15 anos de ninguém menos do que a Mônica, garota linda por quem eu era secretamente apaixonado. Naquela noite, eu caprichei como nunca na escolha das músicas. Misturei faixas agitadas com momentos românticos e pus no meio várias canções cujas letras eram disfarçadas declarações de amor para a aniversariante.

Pra não renegar minhas raízes roqueiras, de vez em quando eu conseguia infiltrar no meio do baile um Rolling Stones — "She's So Cold", ou "Emotional Rescue" —, um Queen ou Bowie mais pop — tipo "Another One Bites the Dust" e "Fashion" —, mas no geral o que predominava era mesmo a black music dançante, como o Kool & The Gang, o Earth, Wind & Fire, o Chic, o Shalamar, hits da época.

Tudo corria às mil maravilhas, até que um cheiro estranho surgiu no cantinho onde estava o nosso equipamento. Logo em seguida, fumaça. De repente, ficou evidente que tudo ia pegar fogo. Por que não tínhamos um mísero ventilador?

Dito e feito: o amplificador queimou, as caixas acústicas pifaram, as luzes todas da casa se apagaram, a festa foi interrompida. A Mônica, arrasada, nem quis olhar na minha cara. Eu via a escuridão pela primeira vez... e a Darkness, pela última. Fechamos a empresa e começamos a pensar no vestibular.

Alguns meses depois, eu já tinha superado aquela paixão e o fim da empresa. O efeito colateral foi que também superei a fase da discoteca, funk, soul, tudo o que era música dançante. Agora, minha paixão era o rock pesado, heavy metal pra valer, coisas que até então eu nunca tinha parado pra ouvir. Nas lojas, comecei a comprar LPs do Iron Maiden, do Black Sabbath, do Motörhead, daí pra baixo (na fúria), ou daí pra cima (no barulho). Era outro tipo de escuridão: roupa preta, com estampas de monstros e caveiras.

Mas eu não conseguia me enturmar muito com a galera metaleira. É que eu morria de rir dos nomes tétricos que o povo inventava pras bandas: Gangrena, Overdose, Sepultura. Faltava, claramente, um senso de humor ali.

Dilema parecido eu enfrentei alguns anos depois, quando diminuí a dose de heavy metal e comecei a ouvir o rock gótico, em meados dos anos 1980. Agora, minhas bandas favoritas eram The Cure, Joy Division, Sisters of Mercy, Siouxsie and the Banshees etc. Cheguei a usar cabelo arrepiado *à la* Robert Smith, vocalista do Cure, mas nunca convenci como um autêntico *dark*. O pessimismo não é mesmo a minha praia.

Até hoje continuo curtindo o rock deprê dos anos 1980 e, de vez em quando, me pego ouvindo até mesmo aquelas bandas metaleiras de nomes virulentos. Mas a escuridão, essa continua sendo apenas uma coisa passageira, uma breve noite à espera do dia que lá vem.

AS PESSOAS
NA SALA
DE JANTAR

Hippies, mutantes, alienígenas e trilhas sonoras
(São Paulo, de 1965 a 2017 e além)

O ROCK MANDA LEMBRANÇAS

Lá pelos idos de 1965, nos bairros vizinhos de Pompeia e Perdizes (Zona Oeste paulistana), havia uma banda em cada esquina. Aos domingos, qualquer um que andasse sem rumo pelas ruas ouviria sons exemplificando todas as tendências roqueiras da época, vindos de garagens, esquinas ou quartinhos de fundo em casas de avós. O rock era a trilha sonora dos fins de semana por ali, e quase todo mundo que botava as mãos num instrumento de corda dedilhava sucessos dos Ventures ou esganiçava (mesmo sem saber inglês) o último lançamento dos Beatles.

Foi nesse cenário que, certa tarde, três adolescentes típicos da fauna local (a maioria ali era aluno do colégio Perdizes) encontravam-se sentados em um murinho na rua Ministro Godoy. Cantarolavam algum rock embalados pelas cordas que um deles tangia. O rapaz tinha seus 16 anos e havia herdado da família, em terceira ou quarta mão, um violão meio detonado ao qual bela rachadura conferia um timbre peculiar. E, bem naquela hora, passou pela rua certo grupo de estudantes de outro colégio, o Batista, já conhecidos no pedaço.

Papo vai, papo vem, um dos passantes pediu para experimentar o violão rachado. Conhecido na Zona Oeste como

Serginho, ele fazia parte de uma banda da Pompeia criada com seus irmãos e que contava com uma vocalista bonitinha que vinha da Vila Mariana. Apresentando-se sob vários nomes bizarros, eles tocavam rock no Batista e em festinhas locais; sabiam inglês e acertavam as letras das canções dos Beatles, o que era uma façanha na época; coisa de doido ou talvez de alienígena.

Com a prática adquirida nas festinhas, o sujeito era um virtuose da guitarra. Tocou um solo maluco, que parecia impossível de se extrair de tal instrumento acústico... Depois, despediu-se do dono do violão e foi embora com sua turma, elogiando a sonoridade do instrumento rachado.

No ano seguinte, 1966, o grupo de que ele fazia parte se apresentou num programa de TV, e dele saiu rebatizado. Os nomes bizarros do conjunto, que já fora O'Seis e Os Bruxos, seriam substituídos pelo mais psicodélico, Os Mutantes. Fosse pela mutação ou não, após isso eles sairiam da Pompeia para o mundo: Serginho, seu irmão Arnaldo e a namorada Rita seriam, logo, logo, considerados figuras pioneiras no cenário incipiente do rock nacional.

Meses se passaram e chegou 1967. Em outro bairro da Zona Oeste paulistana, Pinheiros, vizinho de Perdizes, uma garota pré-adolescente assistia à TV: acompanhava fielmente as apresentações semanais de um certo III Festival da Música Popular Brasileira. Na telinha em preto e branco, que às vezes parecia um mostruário de manchas e listras, viu surgir um jovem compositor baiano. Ele começou a interpretar sua canção acompanhado de dois rapazes magrelos e uma garota de cabelos escorridos que tinha um coraçãozinho desenhado no rosto. Empolgada com o som maluco, que misturava baião, música clássica e rock, a menina passou a torcer por eles. E aplaudiu quando a canção "Domingo no parque", de Gilberto Gil, com *backing vocal* dos Mutantes, foi a segunda colocada no Festival. Depois disso, passou a acompanhar pelo rádio e pela TV a carreira daqueles doidos (Serginho e Arnaldo) e da garota (ela era namorada de qual dos dois, afinal?).

Muitas vezes aquela pré-adolescente pintou coraçõezinhos no rosto e usou coroas de flores na cabeça, imitando o que vira na TV. Hippie? Psicodélica? Nem tanto. Só fã da Rita Lee.

O Brasil fervia em 1968, quando o primeiro LP dos três "mutantes" caiu nas mãos daquela garota paulistana. Foi por cortesia de um tio (que amava os Beatles e os Rolling Stones e comprava muitos vinis) que ela ouviu o disco *Os Mutantes* e decorou a letra de sua faixa preferida, "Panis et Circencis" (autoria de Gil e Caetano), que era cheia de metáforas. Passaria os anos seguintes cantando sobre "as pessoas na sala de jantar", que desde aqueles tempos estavam empenhadas em serem sempre as mesmas irritantes "pessoas na sala de jantar, ocupadas em nascer e morrer...".

Metáforas e mutações à parte, em 1977 o dono do violão rachado e a adolescente que pintava coraçõezinhos no rosto (e que haviam se conhecido nos corredores da faculdade de Belas Artes) decidiram morar juntos para reunir os vinis que ouviam. Casaram-se de papel passado, mas sem grana nem alianças...

Naquela década, entre altos e baixos, juntos ou separados, os Mutantes continuavam fazendo seu rock doido e genial; Rita Lee, em carreira solo, se transformara na mais importante voz do rock brasuca. Continuava berrando que "roqueiro brasileiro sempre teve cara de bandido" e, em 1978, seria chamada de "a mais perfeita tradução" da caótica capital paulista, Sampa.

Mais tempo se passou e as mutações se sucediam. Porém o rapaz e a garota chegaram à terceira idade ainda juntos, sempre cantando (e você, leitor, já deve ter percebido que a garota sou eu, e o dono do instrumento rachado é meu marido, o Celso). Em 2017, nenhum deles sabia que fim tinha tido aquele violão; outros violões, guitarras e flautas vieram para que eles continuassem entoando as loucuras psicodélicas de Serginho, Arnaldo e Rita, entre outros sons. Comemoraram quarenta anos de parceria (e casamento) com uma viagem maluca e com a leitura da autobiografia da tia Rita, que os levou a um mergulho no tempo e no espaço paulistanos. A trilha sonora? Rock, é claro.

Continuam juntos.

E acham o máximo não terem se tornado as tais "pessoas na sala de jantar".

CARA A CARA COM O ÍDOLO

Echo & The Bunnymen
(Rio de Janeiro, Canecão, 1987)

O que fazer quando você dá de cara com um ídolo? Um músico ou cantor que você admira muito? Você dá um grito? Perde a voz? Desmaia? Pede um autógrafo, uma *selfie*, um dinheirinho trocado? Duvido que o leitor tenha respondido "um dinheirinho trocado", mas foi exatamente isso que eu fiz, ou melhor, tive que fazer, num show da banda inglesa Echo & The Bunnymen, em 1987. Parece até mentira, mas vou contar tim-tim por tim-tim, ou tim-tim por Titãs. Daqui a pouco você entende.

A história é a seguinte. Eu morava (como continuo morando) em Belo Horizonte e não tinha descolado um amigo sequer que topasse pegar um ônibus comigo pra assistir ao show no Canecão, lendária e saudosa casa de espetáculos no Rio de Janeiro. Tudo bem, Echo & The Bunnymen não é das bandas mais conhecidas do mundo, e, mesmo naquela época, quando estava no auge, poucos brasileiros sabiam do que se tratava.

Pra quem não sabe, o Echo sempre penou com o apelido de "a segunda melhor banda de Liverpool" de todos os tempos. Claro, o primeiro posto está tomado para sempre, e com justiça, pelos Beatles. Mas isso não tira nenhum mérito desse grupo maravilhoso, formado no final dos anos 1970. Foi incluído, meio à força, no tal movimento pós-punk, ao lado de bandas com as quais parecia um pouco (como The Cure) ou quase nada (como The Smiths e New Order). Na verdade, o Echo tinha influências bem diferentes dessa turma toda, como um toque mais psicodélico e um diálogo evidente com os Doors, Lou Reed, David Bowie e os próprios Beatles.

Sempre digo aos amigos que esse foi um show espetacular, inesquecível, e todo mundo duvida, especialmente quem nunca ouviu nem eco do Echo. Mas eu me senti vingado quando o Arthur Dapièvre, grande jornalista e crítico de rock, publicou uma lista com os melhores shows da vida dele, e aquele do Echo, no Canecão, ficou em primeiríssimo lugar.

Engraçado. Passei anos me gabando de ter ido ao show, mas, curiosamente, não me lembro de muitos detalhes. Claro que a banda tocou seus maiores sucessos. A hipnótica "The Back of Love", as baladas arrebatadoras "The Killing Moon" e "Bring on the Dancing Horses", a guitarra de jeitão meio árabe na debochada "The Cutter" (que anos depois foi tocada ao vivo pelo Arcade Fire). Não faltaram as tradicionais covers de Beatles, Stones, Doors, que a banda sempre tocava. E, se não me engano, teve também uma citação de "Garota de Ipanema", que seria meio óbvia, não estivesse misturada com "Sex Machine", do James Brown.

O show combinou empolgação e ironia, agressividade e delicadeza, entrosamento e improviso. O vocalista/guitarrista Ian McCulloch e sua trupe se divertiram a mil, com zero de pose ou frescura. Eu não conhecia ninguém ali na plateia, mas lembro que a gente se entreolhava como quem diz: "não acredito que estou vendo este show!".

Mas por que estou contando isso tudo, se o título lá em cima é "Cara a cara com o ídolo?". Calma, eu explico. O fato é que, ao final do show, no meio daquela adrenalina toda, eu inventei de comprar a camiseta oficial da turnê. Não é que eu queria, é que eu não poderia ficar sem uma lembrança registrada daquela noite (fora o ingresso, que guardo até hoje). Acontece que eu só tinha o dinheiro contado pra pegar o táxi de volta até a rodoviária do Rio, pois eu já estava com a passagem de ônibus comprada para retornar, aquela noite mesmo, para BH.

Só sei dizer que, na euforia, eu catei no bolso os meus últimos cruzados (como se chamava o dinheiro brasileiro naquela estranha época) e comprei a tal da camiseta, trinta segundos antes de chegar a uma dolorosa e óbvia conclusão: eu ia ter que pedir, implorar, mendigar por dinheiro, se não quisesse dormir ao relento, ali na porta do Canecão.

Foi bem nessa hora que eu bati o olho num sujeito de cabelo louro-platinado, arrepiado e com cara de mau. Era o Charles Gavin, baterista dos Titãs. Eu tinha 20 anos de idade e, na época, era muito fã dos caras. *Cabeça dinossauro* era, pra mim, o melhor disco da história do rock nacional (hoje eu não seria tão exagerado, mas ainda o considero um dos cinco melhores, ou dos dez, vá lá).

E aí, eis que voltamos à perguntinha capciosa lá do início da crônica: qual a sua reação quando você se vê cara a cara com um ídolo? Dá um grito, perde a voz, desmaia? Pede um autógrafo, uma *selfie*? Claro que naqueles tempos não existiam câmeras digitais, *smartphones* e muito menos *selfies*. O que eu fiz foi pedir um dinheirinho trocado.

    Olhei para o Gavin e falei a real: "Cara, depois desse show sensacional, eu gastei meus últimos trocados com a camiseta do Echo e agora não tenho como voltar pra rodoviária!". Ele sorriu pra mim, ou riu de mim, talvez. Seja como for, me deu o dinheiro salvador. E eu sorri de volta, aliviado, cansado e de alma lavada.

DON'T STOP ME NOW

*Cantando no chuveiro
(São Paulo, anos 1980, passando por Londres, 2005,
e de volta a Sampa, até os dias de hoje)*

O ROCK MANDA LEMBRANÇAS

Eu gosto mesmo é de cantar no chuveiro. Diria até "esganiçar" — ainda bem que sou razoavelmente afinada —; tenho facilidade para cantar no tom certo, e minha memória é boa para letras de música (nem eu mesmo acredito nos versos de que me lembro). Quando fiz aulas de canto na juventude, fui escalada como *mezzo soprano*, embora eu às vezes alcance algumas escalas lá em cima, mais típicas de uma soprano (mas só se pratico um pouco e não fico com medo de soltar a voz).

Talvez por isso o chuveiro seja o lugar ideal para minhas performances: enquanto ele está ligado, ninguém ouve, em caso de desafinações ou escalas que não alcanço. E — o mais importante! — ninguém me interrompe. Não tem nada pior que estar embalada num rock e ter de parar no meio de versos como *"Don't stop me now / I'm having such a good time / I'm having a ball!"*.

O que acontece é que, apesar de algumas vezes entoar bossa nova e árias de ópera (ouço resmungos sobre isso há anos...), devo confessar que noventa e nove por cento das minhas cantorias na hora do banho são roqueiras. E que pelo menos noventa e cinco por cento do que eu canto é cortesia de Freddie Mercury.

Não fui uma fã de primeira hora do Queen como fui dos Beatles ou do Led Zeppelin. Claro que era impossível não gostar deles; o problema é que fizeram muito sucesso na época em que eu ouvia menos rádio e não assistia a videoclipes — nas décadas de 1980 e 1990 eu vivia enrolada com trabalho, contas, serviço de casa e filhos pequenos. Em 1981, quando Brian May, John Deacon, Roger Taylor e Freddie Mercury tocaram pela primeira vez em São Paulo (vi dezenas de vezes o vídeo com Freddie no Morumbi parecendo perplexo enquanto o público cantava "Love of My Life" mais alto que ele), eu nem podia conceber a hipótese de gastar dinheiro com ingressos para shows. Muito menos a de viajar para vê-los depois no Rock in Rio.

Só que as canções deles foram se insinuando no meu subconsciente. Eu nem sabia, mas já havia decorado as letras… E, em 1986, quando fizeram parte da trilha sonora do filme *Highlander*, fui capturada sem rendição.

Por muito tempo, minha favorita foi "Who Wants to Live Forever". Cantada milhares de vezes durante o banho, passei a alterná-la com "Love of My Life" e "We Are the Champions", até que parei em "Don't Stop Me Now". Mudei de casa algumas vezes, e, com elas, mudaram os tamanhos dos banheiros e os modelos de chuveiro — mas até hoje essa é minha canção campeã de cantoria no box, para desespero da família e da vizinhança — porque, quando a água para de correr, é claro que eu não paro de cantar. E todo mundo ouve.

A morte de Freddie em 1991 foi um baque. Quando fui a Londres pela primeira vez, em 2005, a paixão estava consolidada, e meus amigos não precisaram insistir muito para irmos juntos assistir ao musical *We Will Rock You*, no Dominion Theater (parece que esteve em cartaz lá de 2002 a 2014; no Brasil, houve uma montagem em 2016 — e eu também fui assistir, no teatro Santander). Foi aí que percebi que as letras estavam guardadinhas no meu subconsciente, porque cantei junto o tempo todo... ninguém se queixou, o teatro inteiro berrava também. E, vejam só, num certo trecho da peça, uma personagem chamada Killer Queen estava cantando justamente a minha preferida — e era interrompida por outro personagem. Sua fala seguinte é algo que eu sempre quis dizer, em dezenas de ocasiões:

— *What part of "don't stop me now" you did NOT understand?* [Qual a parte de "não me interrompa agora" você NÃO entendeu?]

Anos transcorreram; comemorei meu aniversário em novembro de 2018 no cinema assistindo ao *Bohemian Rhapsody* — e, embora tenha adorado o filme, foi um tormento não poder cantar aos berros com os atores, já que as pessoas na plateia olhavam feio.

Mas há compensações: hoje sei que posso contar com o Queen se as turmas não ficarem quietas quando vou começar minhas palestras com crianças e jovens nos auditórios de colégios. Descobri isso sem querer, num ginásio lotado em que as professoras não conseguiam fazer aquelas centenas de alunos se sentar ou se calar. Nesse meio tempo, pediram que eu testasse o microfone, e não hesitei. Peguei-o, entrei em dó menor e soltei com tudo, a plenos pulmões:

— *WEEEEEEE are the champions, my frieeeeends... And we'll keep on fighting till the end!*

Silêncio total no ambiente. Umas seiscentas crianças e seus professores me olharam com cara de "quem é essa doida?", para, no instante seguinte, romperem em aplausos. Quando pararam de aplaudir, pude fazer minha palestra, mentalmente agradecendo ao Freddie.

Desde aquela primeira visita à Inglaterra, mantive a certeza de que nunca mais haveria no mundo do rock um fenômeno como o Queen — e nenhuma voz como a daquele sujeito magrinho e extravagante, que pôs no chinelo qualquer outro vocalista dos anos 1970, 80 e 90. Essa certeza me acompanha. E sei que hoje, amanhã e depois — com algumas pausas, claro, porque existem os sucessos dos quatro rapazes de Liverpool e do Led, sem esquecer a bossa nova e a ópera —, assim que a água começar a correr no chuveiro, eu vou entoar, quase que automaticamente:

— *Tonight I'm gonna have myself a real good time. I feel ali-i-i-i-i-ive... and the wooooorld I'll turn it inside out, yeah. I'm floating around in ecstasy... So don't stop me now!*

Ali, pelo menos, sei que ninguém vai me olhar feio nem interromper.

SANGUINÁRIO!

Sting
(Belo Horizonte, 1987)

Hoje topei com meu ingresso pro show do Sting, que aconteceu em 1987, em BH, no Campo do Sete. A moçada de hoje nem imagina o que significa Campo do Sete, então explico: existia um time de futebol em BH chamado Sete de Setembro, aquela equipe pequena e simpática que todo mundo gostava de dizer que era seu segundo time. Como o Ameriquinha, no Rio. Ou a Portuguesa, em São Paulo. Ou o Colorado, em Curitiba. Todos extintos hoje, ou capengas, ou quase isso.

Pois bem: o pequeno Sete chegou a ser dono do segundo maior estádio de futebol de BH, o Independência, construído para a Copa do Mundo de 1950. Hoje em dia, já reformado e ampliado, o lugar pertence ao América Mineiro, embora muita gente de fora pense que ele é do Atlético, time que mais joga lá. É o famoso Estádio do Horto. Dá pra notar, aliás, que o bendito tem muitos nomes: Independência, Campo do Sete, Estádio do Horto. Tudo a mesma coisa.

Nos anos 1980, o estádio estava abandonado. Ninguém jogava ali, as arquibancadas estavam cheias de rachaduras; o sistema elétrico, convidando um incêndio. Mesmo assim, o show foi marcado pra lá. O Sting não era tão popular a ponto de encher o Mineirão, mas o Campo do Sete estava de bom tamanho. Afinal, embora seu repertório solo fosse mais sofisticado, ele prometia tocar alguns hits da época de sua célebre banda, The Police: "Roxanne", "Don't Stand So Close to Me", "Message in a Bottle" e outros.

E ele realmente fez isso. Sua espetacular banda de apoio, montada só com feras do jazz, deu novas e ótimas versões para algumas canções do Police, além de tocar várias de sua carreira solo, como "If You Love Somebody", "Set Them Free" e "Englishman in New York".

Tudo corria às mil maravilhas, não fosse um infeliz bêbado na fileira de trás, que cismou de esgoelar as letras na minha orelha, sem saber uma única palavra em inglês.

O refrão de "Roxanne", *put on the red light*, repetido umas vinte vezes na música, virou "puro deleite". Imagine um bafo de cachaça nas suas costas, insistindo no puro deleite...

Pior foi no refrão de "Message in a Bottle", também repetido 35 vezes na música (se toca aí, Sting!). A frase *Sending out an S.O.S* virou "Sanguinário esse ou esse! Sanguinário esse ou esse! Sanguinário esse ou esse!".

Lá pela décima vez, eu é que já estava querendo sacar uma faca e me transformar num sanguinário pra cima do cara. Mas preferi respirar fundo. Virei pra ele e falei (tudo bem, gritei no meio da zoeira): "o certo é *'sending out an S.O.S.'*".

Mas o cara nem tchum. Só retrucou: "É tudo a mesma coisa" e continuou assassinando a letra. Nem adiantava chamar The Police.

ROCK DE PRESENTE

A trilha sonora da minha vida
(São Paulo, 2002)

Um dia, ganhei o rock como presente de aniversário. Não, não foi nem um vinil nem um CD: foi basicamente um presente boiando no ar...
Calma, eu explico.

Mas antes preciso dizer que esse não foi o primeiro presente rock 'n' roll que ganhei na vida. Como já contei, em 1969, ganhei uma vitrola portátil de aniversário. Eu acabava de completar 14 anos e, com minha vitrolinha a tiracolo, passei a infernizar as tardes da minha família e da vizinhança com o som das bandas que aqueciam meu coração.

A partir daquele ano, também comecei a ganhar discos de presente. Alguns foram tão marcantes que estão comigo até hoje. A década de 1970 foi especialmente fértil em LPs incríveis — e vários entraram para minha coleção.

Por exemplo, em 1973, quando completei 18 anos, minhas amigas fizeram uma vaquinha e me presentearam no aniversário com um lançamento que se tornaria um dos mais importantes álbuns de todos os tempos (apesar de nenhuma de nós desconfiar disso, na época...). Era o *The Dark Side of the Moon*, da banda inglesa Pink Floyd. Sempre me emociono com aquela sequência.

Não dava para ouvir uma ou outra faixa: tinha que ser o disco inteirinho — só assim tudo fazia sentido.

Um ano depois, em 1974, sairia um disco que eu compraria de presente para mim mesma: *So Far*, coletânea de vários sucessos de Crosby, Stills, Nash & Young. Esse danado quase furou, de tanto que pus para tocar.

Em 1977, quando eu estava a ponto de me casar, para minha alegria descobri que o quase-marido tinha um LP que eu sempre havia ouvido em casas alheias: *Sgt. Pepper's Lonely Hearts Club Band*, dos Beatles. Esse, obviamente, é o clássico dos clássicos. Aliás, nosso gosto musical era bem parecido, um dos motivos por que o casamento deu certo. Teve até o caso curioso do brasileiríssimo Milton Nascimento, cujas músicas ambos adorávamos. Um dia, descobri que meu namorado tinha o álbum *Minas*, enquanto eu tinha o *Geraes*. Ficou óbvio que a única coisa lógica a fazer era nos casarmos e reunirmos o estado, uai.

De volta ao rock, fosse em vinil, CD ou fitas, eram muitas as bandas que eu ouvia — e meus filhos, tadinhos, tornaram-se ouvintes por tabela desde que nasceram. The Who, Chicago, Guess Who, Hollies, Queen... A gente ouvia também muita música clássica, bastante MPB e bossa nova — mas o rock sempre ganhou de longe dos outros sons aqui em casa. Eu quase nunca ouvia rádio nos anos 1980-1990, e fazia minhas próprias *mixtapes* — gravava em fitas cassete muitas seleções de rock que faziam sentido para mim. Cronológicas, indo de Chuck Berry a Dire Straits e passando por Deep Purple, Twisted Sister e Alice

Cooper... Tenho todas elas aqui, guardadinhas, cheias de preciosidades — ou *oldies*, que é como as pessoas começaram a chamar os sucessos de rock mais antigos.

Teve um ano — era o final dos anos 1990 — em que meu presente de Dia das Mães foi o CD duplo que contém as gravações ao vivo do Led Zeppelin na BBC de Londres; é uma coletânea fantástica, um documento histórico da produção dessa banda.

Foi minha filha Regina quem escolheu; ela conta que, na hora que levou o CD para a caixa da loja cobrar, a moça olhou-a com um ar estranho e perguntou se ela tinha certeza de que queria dar "aquilo" para a mãe... Ela assegurou que a mãe era doida por rock — e acertou em cheio! Esse CD é um dos meus tesouros, sem dúvida nenhuma.

Como eu estava sempre mergulhada em vinis, fitas e CDs, somente em 2001 voltei a ouvir rádio. Acontece que, no dia 13 de julho (que, para quem não sabe, é o Dia Mundial do Rock) daquele ano, entrou no ar definitivamente a rádio Kiss FM, especializada em rock clássico. O nome da rádio era uma homenagem à banda nova-iorquina Kiss, que, entre outros sucessos, em 1975 tinha emplacado o clássico "Rock and Roll All Nite".

Ouvir a Kiss FM era o paraíso para mim. Eu tinha sobressaltos quando os produtores dos programas desencavavam algum dos meus rocks preferidos, em geral tão obscuros que era surpresa descobrir que alguém além de mim (e da minha amiga de infância, a Sônia) conhecia.

Quase enfartei no dia em que eles tocaram a indefinível "In-A-Gadda-Da-Vida", da banda Iron Butterfly. Saí pulando de alegria quando ouvi a alegrinha "Tracy", dos Cuff Links (sim, era um grupo americano que se chamava "Os Abotoaduras"), e voltei no tempo quando começaram a tocar o roquinho que mais se ouvia no rádio na minha adolescência: "My Pledge of Love", com o Joe Jeffrey Group.

Mas a surpresa maior aconteceria em 2002, no meu aniversário de 47 anos.

Estava eu na cozinha, como sempre correndo para preparar o almoço da família, quando entraram em cena os dois adolescentes da casa. Carregavam um aparelho de som e o instalaram na própria cozinha, com o ar de quem tinha aprontado alguma.

— O que foi? — eu perguntei, já pronta para dar bronca. — O que isso tá fazendo aqui?

— Nada, mãe — respondeu minha filha.

— Assim você pode ouvir música enquanto faz o almoço — acrescentou meu filho.

O rádio estava sintonizado na Kiss, e logo começou um programa de que eu gostava muito, o "Kiss Ponto Com". Eles tocavam a cada dia uma *playlist* diferente, enviada por ouvintes via internet. E eu ouvi a locutora dizer:

— Esta seleção da Kiss Ponto Com foi feita pelo Marcos e pela Regina e vai para a mãe deles, Rosana Rios, que faz aniversário hoje...

O susto foi tão grande que eu quase desabei ali mesmo, no chão da cozinha. E o almoço ficou em segundo plano.

Meus filhos tinham feito uma lista de alguns dos meus rocks favoritos — os mesmos que eles tiveram de ouvir a vida inteira — e deram um jeito de convencer os produtores da rádio a tocarem exatamente no dia do meu aniversário! Para completar, usaram um aparelho de som que gravava fitas e acionaram a gravação já na primeira música da lista.

Em uma hora eu ouvi tocar a trilha sonora da minha vida. Começou com os roquinhos dançantes, o *rockabilly* dos meus 14 anos, e foi passando por Creedence, Beatles, Queen, CS&N, Chicago, B.T.O. e por artistas solo que eu curtia, como Aretha Franklin e Cat Stevens. Foi inacreditável! Cada um daqueles rocks tinha marcado um momento da minha juventude, contribuído para a minha trajetória.

Não, a comida não queimou no fogão no dia 16 de novembro de 2002. Consegui cozinhar, alimentei a família... Sobrevivi ao susto.

Até hoje guardo comigo a fita cassete com aquela *playlist* — tocada no ar, nas ondas do rádio, para o mundo todo saber que meus filhos tinham uma mãe roqueira.

Foi o presente de aniversário mais fantástico da minha vida.

FELIZ NO FIM DO MUNDO

R.E.M., Rock in Rio 3
(Rio de Janeiro, Cidade do Rock, 2001)

O ROCK MANDA LEMBRANÇAS

Essa é a história de um show que eu quase não vi. Um show que teimou em fugir de mim, durante quase vinte anos. Como diz o refrão mais famoso do R.E.M, eu estava quase "*losing my religion*", ou seja, quase perdendo a esperança, quase perdendo as estribeiras. Mas acabei assistindo, e de muito perto!

Mas vamos começar do começo. Posso até não ser o fã número 1 do R.E.M., mas com certeza fui um dos primeiros fãs brasileiros. Descobri o grupo em 1984, quando era intercambista lá no Texas e ouvi no rádio uma música chamada "So. Central Rain". Foi uma epifania: aquilo era diferente de tudo o que eu ouvia na época (AC/DC, Van Halen, Black Sabbath etc.), tinha uma sonoridade que me parecia totalmente nova, ao mesmo tempo que fazia lembrar o rock dos anos 1960 (The Byrds, Beach Boys, Velvet Underground). Guitarras dedilhadas, arranjos vocais de duas ou três vozes, suavidade, nada de virtuosismo, nada de solos de guitarra ou bateria.

Naquela época, o R.E.M. fez uma apresentação na Sound Warehouse, loja de discos em Dallas, lugar onde mal cabiam duzentas pessoas. Ainda era uma banda desconhecida por lá e completamente ignorada por aqui. Eu queria muuuuito assistir àquele show, mas nenhum amigo americano topou ir comigo. Diziam que aquela música era esquisita demais, que o cantor era meio fanho e que não entendiam uma palavra das letras! E não era por acaso: o vocalista Michael Stipe criava letras propositalmente abstratas, enigmáticas, quase incompreensíveis. Foi a primeira vez que o R.E.M. escapuliu de mim. Perdi o show, mas trouxe o disco quando voltei ao Brasil, uma semana antes do primeiro Rock in Rio.

Com seu nome esquisito (sigla de *Rapid Eye Movement*, aquele agito que os olhos fazem quando estamos sonhando), o R.E.M. era uma banda assumidamente "alternativa", cultuada por um público cada vez maior, mas muito longe de ser um megassucesso. O quadro começou a mudar quando a revista *Rolling Stone*, em sua edição de 3 de dezembro de 1987, pôs os quatro integrantes na capa e cravou em letras enormes: "*R.E.M: America's Best Rock & Roll Band*". Aquela afirmativa arriscada, e até mesmo petulante, deve ter causado furor e inveja nos fãs de dezenas de outros grupos, mas, para o meu gosto, era nada menos do que a verdade. Era a melhor banda do planeta, e estamos conversados.

Dali pra frente, o sucesso cresceu de forma desenfreada. Em 1991, quando "Losing My Religion" estourou e o mundo inteiro realmente descobriu o grupo, eu comecei a temer que, quando finalmente assistisse a um show deles, teria de ser num grande estádio, ou algo do tipo. Em 1994, surgiu a oportunidade. Minha irmã, que fazia faculdade na França, me ligou um belo dia e disse: "Você não acredita quem vai fazer show aqui em Paris, em março do ano que vem! Seu amado R.E.M. Quer ir comigo? Mas eu preciso comprar o ingresso hoje, porque já está esgotando!". Não pensei duas vezes: "Pode comprar".

Ainda faltavam seis meses, dava tempo de eu conseguir férias no trabalho, juntar grana e preparar o coração. No dia 10 de março de 1995, embarquei no avião rumo à França, sem saber que, naquele mesmo instante, o baterista Bill Berry estava sofrendo um aneurisma cerebral em pleno palco, num show em Lausanne, na Suíça.

Quando desci do avião, minha irmã me esperava com aquele olhar que grita "aconteceu uma tragédia". E não deu outra: o restante da turnê europeia tinha sido cancelado, devido ao problema de saúde de Berry. Inacreditável: era a segunda vez que o R.E.M. escapulia das minhas mãos. Será que haveria uma terceira oportunidade? Naquele momento, eu tinha certeza de que não.

Jamais poderia imaginar que minha banda de estimação, que tinha começado tão estranha e alternativa, iria um dia tocar no Brasil, diante de 180 mil pessoas, no Rock in Rio. Mas aconteceu, em 2001.

A previsão de público (200 mil por dia) era pouco animadora. Com trinta e tantos anos, eu já estava fugindo de muvuca e não tinha paciência para filas intermináveis, ônibus lotados, banheiros contaminados. Mas era o R.E.M., pô!

Minha estratégia parecia simples: chegar cedo à Cidade do Rock e me aproximar um pouquinho do palco a cada banda, até chegar às primeiras "filas" na hora de Michael Stipe & Cia, que iam encerrar a noite. No show da Cássia Eller, o primeiro, parecia que o plano ia dar certo. Mas logo percebi meu engano. Na altura do Barão Vermelho, já era impossível avançar. As pessoas se amontoavam, não passava ninguém, e eu ainda estava muito longe do palco. Tentei avançar pela direita, pela esquerda, dando a volta num casal, mas nem saí do lugar. Será que, depois de quase vinte anos de espera, o R.E.M. iria escapulir pela terceira vez e eu teria de assistir ao show só pelo telão?

Entrou o Foo Fighters, penúltimo da noite, e a coisa piorou de vez. À minha volta, uns malucos levaram ao pé da letra o nome da banda e saíram lutando kung fu. Até agora não sei se estavam curtindo o show ou partindo pra porrada. Eu era jogado de um lado pro outro, esmagado, pisoteado, rezando praquilo acabar. Parece que o show foi muito bom, mas não posso dizer que realmente assisti: apenas sobrevivi. Uma hora eu olhei para cima e tinha uma menina passando deitada literalmente por cima de mim. Um metro à frente, ela despencou de cabeça no chão.

Última música do Foo Fighters. Eu estava quase resignado a ver o R.E.M. no telão mesmo. Era impossível avançar um centímetro. Justo naquele momento de desespero me aparece um vendedor gritando "olha a água mineral!". Não sei como, o povo ouvia o grito e abria uma fresta pro sujeito passar. Era a minha chance!

Grudei no braço do cara e fui avançando com ele, cinco metros, dez metros, quinze. Quando ele parou, levantei os olhos: estava lá na frente, praticamente na primeira fila! Desta vez vocês não escapam, rapazes!

O que dizer do show? Bem, você já notou que eu sou suspeito pra falar, mas a crítica chamou de arrasador, inesquecível, consagrador, daí pra cima. Alguns pontos altos: "Fall on Me", que me arrepia desde a primeira vez que ouvi, em 1986; "So. Central Rain", que me carregou de volta àquele dia em que ouvi a banda pela primeira vez, lá no Texas; "Find the River", que sempre me leva às lágrimas e que eu não estava esperando, pois quase nunca entra nos shows; a maravilhosa "She Just Wants to Be", que a banda tinha acabado de compor e tocou pela primeira vez ao vivo; "Man on the Moon" e "Losing My Religion", que chacoalharam aquela Cidade do Rock e provaram porque era o R.E.M. que estava fechando a noite, e não o Foo Fighters.

A noite terminou com Michael Stipe entoando um dos melhores refrões da história do rock: *"It's the end of the world as we know it, and I feel fine"*. Suado, esmagado, exausto, eu sorri triunfante. Era o fim do mundo, mas eu me sentia pra lá de bem.

O PRIMEIRO
SHOW DE ROCK
DA MINHA VIDA

Crosby, Stills & Nash — sem Young
(São Paulo, 2010)

O ROCK MANDA LEMBRANÇAS

Rock também é história. E um dos mais importantes marcos da história do rock foi uma feira de arte e música que aconteceu nos Estados Unidos, na fazenda de um sujeito chamado Max Yasgur, em agosto de 1969. O troço todo ficou conhecido como Festival de Woodstock. Quando os organizadores começaram a planejar, pensavam em promover um show com várias bandas, que se apresentariam para um público de, no máximo, 50 mil pessoas. Mas o negócio acabou se tornando um evento monstruoso e atraiu quase meio milhão de participantes na plateia — mais precisamente na grama e na terra, pois tudo aconteceu ao ar livre.

Nesse festival, que durou quatro dias, houve a apresentação de vários músicos. Entre eles estavam Creedence Clearwater Revival, The Who, Joan Baez, Janis Joplin, Grateful Dead, Joe Cocker, Jimi Hendrix... Era muita gente boa.

Não, eu não estava lá; assisti ao documentário sobre o festival no cinema (não tinha outro jeito para uma adolescente brasileira acompanhar o Woodstock...). E uma das apresentações mais marcantes para mim foi a de certo grupo formado meses antes do festival, que se chamava Crosby, Stills & Nash.

Eles interpretaram um rock muito doido chamado "Suite: Judy Blue Eyes".

Nem desconfio quem foi a tal Judy que tinha olhos azuis, mas a música era genial.

Cresci ouvindo rock, testemunhei conjuntos importantes — agora chamados bandas — nascerem e morrerem, reuni centenas de gravações em vinil (depois em CD) e colecionei milhares de letras de rock em inglês. Mas, pelas décadas de 1960 e 1970, ver os artistas tocarem na minha frente era um sonho impossível.

Nem na televisão o rock era destaque; no Brasil, embora fervilhassem enlatados na telinha, eram poucos os programas que mostravam roqueiros estrangeiros. Lembro-me de assistir a raras apresentações num programa bem chatinho, apresentado pelo cantor inglês Tom Jones — vi os Herman's Hermits e The 5th Dimension. Em 1970 passou na tevê um Festival Internacional da Canção do qual a banda belga Wallace Collection participou, no Rio, e outro em 1971, no qual o grupo escocês Marmalade tocou. Naquele tempo, os videoclipes ainda não haviam sido inventados, a MTV era um sonho distante, o Rock in Rio não tinha nascido — e a gente só via a cara dos roqueiros nas capas dos LPs e nas reportagens de revistas especializadas.

De qualquer forma, eu tinha minhas paixões específicas. E embora os discos fossem caros na época para quem tinha 14-15 anos, a rádio Excelsior supria razoavelmente minhas necessidades musicais.

É como disse Roger Taylor, baterista do Queen, na letra de "Radio Ga Ga", imortalizada na voz de Freddie Mercury: o rádio era *"my only friend through teenage nights"* [meu único amigo nas noites adolescentes].

Uma coisa que me impressionava eram os nomes das bandas: inacreditáveis, bizarros. Nem todos escolhiam alcunhas legais como Rolling Stones ou Led Zeppelin... Havia alguns que eu curtia e que se autodenominavam Guess Who (Adivinhe Quem), Three Dog Night (Noite dos Três Cachorros), Motörhead (Cabeça de... Motör?), Five Man Electrical Band (Banda Elétrica dos Cinco Homens) ou Ten Years After (Dez Anos Depois).

Antes de Woodstock, nos primeiros meses de 1969, uma canção chamou minha atenção através das ondas radiofônicas: "Marrakesh Express". Quem a interpretava era uma banda nova, cujo nome era apenas a reunião dos sobrenomes dos três cabeludos que a compunham: Crosby, Stills & Nash. A partir daquele dia, mantive ouvidos atentos para o grupo, e a cada lançamento deles, eu me maravilhava. Os caras eram bons! Tinham uma batida mais para o folk que para o rock 'n' roll e clara influência do jazz. Os solos de guitarra eram fantásticos e os arranjos vocais, sensacionais.

O documentário que retrataria o Festival de Woodstock só iria para os cinemas em 1970, e aqui no Brasil custou a ser exibido — vi em uma sessão especial de alguma cinemateca.

E, em 1969, eu nem desconfiava quem eram os integrantes do CS&N. Mas fui descobrindo que já tinha ouvido suas vozes em outras formações. David Crosby foi integrante do conjunto The Byrds, Stephen Stills havia sido a alma do Buffalo Springfield, e Graham Nash fez parte da maravilhosa banda inglesa The Hollies.

A apresentação deles em Woodstock contou com a participação do canadense Neil Young, que também havia tocado no Buffalo, tornando o trio um quarteto: Crosby, Stills, Nash & Young. Por um tempo, eles foram quatro, mas de vez em quando lançavam discos só com três ou dois e, no decorrer dos anos, todos os caras lançaram discos solo. E eu, aqui, só ouvindo os sucessos no rádio.

Anos depois, quando os shows que traziam roqueiros internacionais começaram a acontecer anualmente no Brasil, eu já estava casada e era mãe, carregando preocupações financeiras imensas — portanto, sem a menor condição de comprar ingressos para ver artistas do calibre de Queen, Paul McCartney ou Stones. Acabava assistindo a gravações desses shows pela tevê, e olhe lá!

Lembro-me de ter visto um telefilme que contou a vida de David Crosby. Foi impressionante saber que o cara quase morreu duas vezes e precisou de um transplante de fígado para sobreviver; mas voltou a tocar e a cantar mesmo depois de velho, ainda fazendo shows com Stills e Nash e participando de seriados de tevê.

Décadas se passaram até que chegou o ano de 2010. Eu havia criado os filhos, construído uma carreira como escritora e, após me aposentar, ainda ouvia rock e cantava (no chuveiro) os velhos clássicos que marcaram minha vida. Entre eles nunca faltaram a linda "Suite: Judy Blue Eyes", "Our House", uma espécie de hino comemorativo do meu casamento, e "Guinnevere", que aprendi de cor de tanto ouvir CS&N.

Foi então que, certo dia, minha amiga Sônia — companheira das sessões de rádio e vitrola nos anos 1960 — me mandou uma mensagem: *Crosby, Stills & Nash vão fazer um show em São Paulo em maio. Vamos?*

O ingresso era caro, e eu, para variar, andava atrapalhada financeiramente. A apresentação aconteceria em um local distante e em horário tardio — em que senhorinhas da minha idade já estariam se recolhendo.

O que me fez decidir foi o argumento da amiga: *Aposentados pagam meia...*

Era irrecusável.

Assim foi que aproveitei uma das poucas vantagens de ser uma senhora idosa: paguei meia-entrada para assistir, ao vivo, aos roqueiros que marcaram minha adolescência.

E daí que eu e minha amiga tínhamos idade para ser avós dos jovens na plateia? Cantamos e pulamos o tempo todo, desde a abertura — a balada "Guinnevere" — e ao longo de toda a minha *playlist* dos sonhos. "Teach Your Children", "Wooden Ships", "Find the Cost of Freedom", "Déjà Vu", "Our House"... que, claro, me fez derramar umas lagriminhas. Teve até o momento para os sucessos solo de cada um, e eu adorei ouvir o Stephen Stills tocar "Love the One You're With".

Por fim, com o show terminado e a plateia aplaudindo para voltarem ao palco, gritávamos:

— "Suite: Judy Blue Eyes"!

Eles não haviam tocado a minha preferida. E, ao que parecia, também a preferida de todo mundo. Os berros não paravam, a gente queria aquela.

Então os três retornaram, e David Crosby, baixinho e com longos cabelos brancos, disse ao microfone:

— *You want us to play* [Vocês querem que a gente toque] "Suite: Judy Blue Eyes"?

O povo todo que lotava a casa de shows berrou:

— *YES!!!*

Crosby riu, sacudiu a cabeça e disse:

— *You are crazy, people* [Vocês são malucos]...

E aí a inconfundível guitarra de Stephen Stills introduziu o clássico.

Eles cantaram, todo mundo cantou junto.

Eu saí de lá realizada — e sem voz. Por um tempo, dei folga aos vizinhos nas minhas cantorias de banheiro... Aquela foi a primeira vez que me aventurei num show ao vivo, e valeu cada segundo.

MÚSICA SERVE PRA RIR

Raul Seixas, Blitz, Os Mulheres Negras e cia.
(Belo Horizonte, anos 1980)

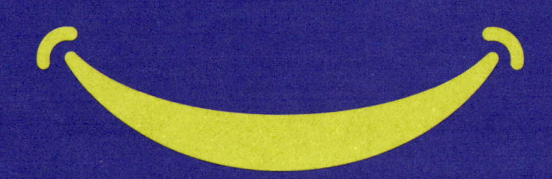

Foi na adolescência que me dei conta, pela primeira vez, de que a música podia ser um troço bem engraçado. Desde criança, era fanático por música e por humor, mas, na minha cabeça, eram dois mundos separados, incomunicáveis. Até que um belo dia um vizinho pôs para tocar um rock que cantava assim: "Eu me lembro do dia em que você entrou num bode / Quebrou minha vitrola e minha coleção de Pink Floyd". Dei uma gargalhada com aquela imagem e com a cara de pau do sujeito, de rimar "bode" e "Pink Floyd".

Logo descobri que o tal cantor era o Raul Seixas e que a canção se chamava "Tu és o MDC da minha vida", composta em parceria com Paulo Coelho (ele mesmo, o "mago"). O MDC era nada mais nada menos do que o máximo divisor comum, aquele mesmo que tanto complicava nossa vida nas aulas de Matemática. Além dessa, o Raul era um maluco beleza que escreveu outras canções muito divertidas.

Fiquei curioso com a inusitada (para mim) reunião de música e comédia. Fuça daqui, fuça dali, descobri outras bandas que seguiam esse caminho da ironia, do deboche, até chegar ao escracho puro e simples. Por exemplo, o Língua de Trapo e Premeditando o Breque, ambos de São Paulo.

O rock brasuca dos anos 1980 também trouxe muitas doses de humor: para cada banda séria e compenetrada, do tipo Legião Urbana, Ira! ou Capital Inicial, tinha uma outra gozadora, como João Penca e Seus Miquinhos Amestrados, Ultraje a Rigor e a Blitz. Engraçado perceber como os próprios nomes já davam uma dica, pra gente sacar se a banda era mais sisuda ou se era do time da zoação.

A meninada de hoje não imagina o furor causado pela Blitz nas férias escolares de julho, em 1982, com sua primeira música, "Você não soube me amar". Aquele roquezinho safado, malandro, cariocão, mais falado do que cantado, sobre... sobre o quê mesmo? Bem, a princípio a letra é sobre um namoro que não deu certo, mas o que mais chamava a atenção da gente eram as referências a coisas bem banais, do dia a dia: batata frita, chopp, um cara caminhando sozinho, com a mão no bolso, blá-blá-blá, blá-blá-blá, blá-blá-blá, ti-ti-ti, ti-ti-ti, ti-ti-ti...

"Você não soube me amar" virou uma febre tão grande que a Blitz acabou lançando um disco compacto só com essa música, no lado A, e no B, simplesmente o cantor, Evandro Mesquita, falando "nada, nada, nada, nada, nada". Teve gente que ficou revoltada com aquele desperdício, aquele abuso. Então a gente comprava um disco e um dos lados tinha nada, nada, nada?

Mal sabiam eles que, alguns meses depois, quando a Blitz lançaria seu primeiro LP, o abuso seria bem maior. E, dessa vez, a culpa não era da banda, mas sim do governo militar. Os censores proibiram as duas últimas músicas do disco e as riscaram, com gilete. Comprei o LP e ouvi dezenas de vezes, mas sempre tinha que ficar esperto, bem do lado da radiola, porque se a agulha chegasse à penúltima faixa, pegava a parte arranhada e estragava toda (ai, como era cara uma agulha nova!). Até hoje olho para aquele disco e fico arrepiado com a cicatriz horrorosa que a censura deixou.

Já era o finalzinho da década de 1980 quando descobri um grupo que mesclava música e humor de forma única: Os Mulheres Negras. Musicalmente, estavam muitos passos à frente das outras bandas engraçadas que eu tinha conhecido até então (e das que viriam depois, como os Mamonas Assassinas). Faziam um som bastante experimental, que certamente soava estranho aos ouvidos do grande público. Não é à toa que, de todas as bandas que citei nessa crônica, Os Mulheres foram, infelizmente, a menos popular.

O grupo era formado (ou é, pois de vez em quando ainda se reúne) por apenas dois membros: André Abujamra e Maurício Pereira, que cantavam e se revezavam em inúmeros instrumentos e sintetizadores. Quem fechasse os olhos poderia jurar que eram várias pessoas tocando ao mesmo tempo, mas não: eram mesmo só os dois. Daí a banda se autodenominar "a terceira menor big band do mundo". Não pergunte quais são as outras duas, porque nem mesmo André e Maurício vão responder. Um dia, numa entrevista, o repórter perguntou qual era, afinal, a menor big band do mundo, e eles responderam que era quando um dos dois faltava no show.

No palco, a dupla se apresentava com sobretudos (independentemente do clima) e um chapéu que mais parecia um vaso de palha. Eu logo saquei que aquela aparência esdrúxula fazia parte do espírito zombeteiro, mas me esqueci de avisar pra Valéria, minha namorada. Em 1990, comecinho de namoro, convidei a Vá para um show dos Mulheres Negras, e tive a brilhante ideia de aparecer lá vestindo sobretudo e vasinho de palha na cabeça. Até hoje morro de rir ao me lembrar do pânico nos olhos dela quando me viu chegar. Será que ela estava namorando um maluco, um fanático, um *serial killer*?

— Música serve pra rir! — eu me justifiquei pra ela, parodiando o título do disco que o grupo estava lançando aquele dia, *Música serve pra isso*.

Por sorte, quando Os Mulheres entraram no palco, a Vá entendeu que minha vestimenta era uma homenagem à banda. Melhor ainda, ela adorou o show e acho que me desculpou. Afinal de contas, estamos juntos até hoje...

O que eu realmente não podia imaginar é que, em 2001, iria virar parceiro do André Abujamra. Dá pra acreditar nessa coincidência? Na época, lancei um livro de poemas musicados, o *Clave de lua*, e o André musicou três deles: "O mímico", "Do contra" e "Capoeira". É um dos maiores orgulhos da minha carreira. Poesia serve pra isso!

SIXTY-FOUR

Existe rock na terceira idade?
(São Paulo, 2019)

Em 2020, o Rolling Stone Mick Jagger fez 77 anos. O Queen Brian May festejou seus 73. Elvis Presley completou 85 (caso os rumores sejam verdadeiros e ele esteja escondido por aí, em algum lugar, ainda fingindo que morreu em 1977). Não dá para duvidar: o rock chegou ao que chamam de terceira idade. Ou melhor idade. Ou velhice mesmo.

E nós, que crescemos ao som dos clássicos roqueiros, estamos na mesma faixa... O que não é nenhum problema. A não ser que a gente esteja numa fila quilométrica para entrar no Allianz Parque, em São Paulo, debaixo de sol, na tentativa de sobreviver ao show da turnê mundial Freshen Up, de Paul McCartney.

Tudo começou no mês que antecedeu o Natal de 2018. Nós não sabíamos, mas nossos filhos andavam tramando um plano maligno. Juntaram suas economias e conseguiram, após horas de internet, comprar ingressos para mandar os pais idosos ao show que Sir Paul faria em Sampa, em março de 2019. A surpresa foi revelada na véspera do Natal, com filho e filha nos entregando solenemente um envelope... que continha a reserva dos ingressos.

Sobrevivemos à emoção da surpresa. Mas será que sobreviveríamos à espera do dia 27 de março? Quando se ultrapassaram os 60 e os 70 anos, nunca se sabe!

Passei aqueles meses cantando sem parar (no chuveiro, principalmente) uma das minhas canções dos Beatles preferidas: "Sixty-four". A letra desse roquinho, parte da antológica gravação *Sgt. Pepper's Lonely Hearts Club Band*, de 1967, foi decorada por mim na época e jamais esquecida. Começa com a frase *"When I get older, losing my hair"* [Quando eu ficar mais velho e for perdendo o cabelo] e continua com o cantor (Paul, que provavelmente cantava para sua esposa Linda) perguntando se a namorada ainda o amaria quando tivesse 64 anos, e pedindo que dissesse "sim" para que ambos envelhecessem juntos. Às vezes, para variar, eu cantava a divertidíssima versão feita pela Joyce (chamada "Velhos no ano 2000").

Ora, em 2019 essa canção se revestia de especial significado para mim, pois completaria meus *sixty-four*, 64 anos. E que maneira melhor de comemorar esse marco do que assistindo a um show de Paul McCartney?

Sobrevivemos aos três meses de espera. Ansiosos para ir ao show... Só não sabíamos que os filhos, apesar de maquinarem o plano maligno, estavam preocupados. Compreensível: quando jovem, eu acreditava que, depois dos 60, a pessoa já está basicamente com o pé na cova e pode cair morta a qualquer minuto. E, para garantir que eu e meu marido não sucumbíssemos na fila do show, na busca pelos assentos ou durante algum estridente solo de guitarra, nossa filha conseguiu o ingresso para ela também. Iria conosco, para garantir que voltaríamos vivos.

O plano era ir e voltar de Uber, já que nos dias de show as imediações do Allianz viram um caos. Os portões se abririam às quatro da tarde — portanto, planejamos estar lá por essa hora.

Diante da arena, toca procurar a fila para nossos ingressos — em assentos na área coberta, claro, que os filhotes não iriam mandar a gente para a pista. Custou, mas achamos a fila na rua: era imensa, dava várias voltas até chegar à primeira grade de acesso. Postamo-nos ali, resignados. Aí a filha, preocupada, foi falar com um dos jovens que trabalhavam na organização.

— Não tem fila preferencial, para a terceira idade?

O rapaz olhou pra ela, olhou pra fila, aí disse:

— Moça, todo mundo aqui é da terceira idade. Não tem como.

Verdade. Se tivesse alguém ali com menos de 60, seriam os filhos amparando os pais idosos! O jeito foi aproveitar a espera e observar os diversos tipos de fã do Paul e dos Beatles que se arrastavam lentamente conforme a fila andava. Tinha os hippies de carteirinha (jeans esfarrapados, cabelos grisalhos revoltos, rabos de cavalo ou trancinhas rastafári); tinha as vovós assanhadas (roupa social de *griffe*, salto alto, maquiagem, batom chamativo); tinha as famílias roqueiras unidas (da bisavó de bengala aos bisnetos saltitantes, passando por toda a árvore genealógica); tinha a maioria silenciosa (homens de rosto sério e camisetas pretas com estampas beatlemaníacas); tinha os casais de camisetas iguais comemorando bodas de prata; tinha até (custei, mas encontrei alguns!) jovens aparentemente desacompanhados.

Sobrevivemos à fila. O desafio seguinte seria entrar. Como no segundo acesso separaram homens e mulheres para a apresentação dos ingressos, foi um problema: perdemo-nos na separação e levamos meia hora para nos reencontrarmos. Em seguida, toca subir as escadarias sem fim (imaginem um bando de gente com falta de ar, bengalas e atrite subindo ao mesmo tempo!). Aí, encontrar nosso setor e apossarmo-nos de assentos com uma visão razoável do palco: ficaríamos bem alto e do lado esquerdo, de onde não se via o palco inteiro.

Sobrevivemos à busca e sentamo-nos; eram seis da tarde e o show começaria às oito e meia da noite... Deu tempo para comprar lanche e para vermos, assombrados, a arena lotar de gente até não sobrar lugar, em arquibancadas ou pista, nem para uma formiga (caso formigas fossem beatlemaníacas). Vimos a tarde cair, a noite chegar, as luzes se acenderem — e garantimos os cartazes brancos que eram distribuídos, com os dizeres "NA NA", para todo mundo levantar junto no coro de "Hey Jude", claro. Se Paul não cantasse essa, é possível que acontecesse a primeira revolta/rebelião/revolução da terceira idade de que se tem notícia.

Sobrevivemos à espera. Mesmo porque havia no ar uma trilha sonora com sucessos do Paul, dos Wings e dos Beatles, para segurar a plateia até a hora crucial.

Às oito e meia em ponto, a banda assumiu seus lugares e começou a tocar os primeiros acordes. Até que uma figura saltitante surgiu no centro do palco, um solo de guitarra preencheu o ar e Sir Paul, elétrico em seus quase 78 anos, começou a cantar:

— It's been a hard day's night...

Sobrevivemos ao show. Dancei e cantei junto o tempo todo. Certo, depois da primeira hora já estava exausta e não podia acreditar na saúde daquele homem. Quando eu caía sentada e tentava me recuperar após um rock, ele trocava de instrumento e começava outra música mais agitada ainda. Luzes, solos virtuosos, roquinhos doces misturados à metaleira pesada.

Incrível, mágico.

Quem estava na arquibancada daquela arena, dançando, pulando e cantando sem parar até mais de onze da noite, não era uma senhora de quase *sixty-four*, 64 anos. Era a garota de 12 que ouvia os Beatles no rádio e que nunca, nunca, nunca imaginou que viveria para ver Paul McCartney de verdade cantar na sua frente.

Na saída, não havia táxi nem Uber nem nada no entorno da arena, só a multidão. Voltamos para casa a pé mesmo, inaugurando a madrugada, cantando as canções lembradas naquela noite e aproveitando a adrenalina contagiante do Paul. Depois daquele show, o dia seguinte não importava. "Terceira idade"? Isso é para os fracos; não para nós, roqueiros.

Não para os sobreviventes.

THE BOY BAND THEORY

1D

(Miami, American Airlines Arena, 2013)

O ROCK MANDA LEMBRANÇAS

O que é que uma *boy band* como o One Direction está fazendo aqui, neste livro de rock? Sua pergunta faz todo o sentido, leitor. É também o que eu me perguntava, na American Airlines Arena, alguns minutos antes de começar o show. O que é que eu estava fazendo ali? No alto dos meus 46 anos, depois de assistir a shows do naipe de Bob Dylan, David Bowie, Rolling Stones, Eric Clapton, U2, AC/DC, The Police, The Cure, Supertramp, Red Hot Chili Peppers, Prince e todos os outros citados nos capítulos anteriores deste livro?

Eu olhava as paredes do ginásio, repletas de referências ao Miami Heat, e me perguntava por que eu estava ali naquele momento, e não uma semana depois, quando o Heat ia jogar a final da NBA, com LeBron James em fase espetacular.

Mas bastava olhar pra cadeira do lado e tudo se explicava. Ali estava a Sofia, 13 anos de idade, chorando de emoção. O One Direction (ou 1D, como alguns preferem) era a paixão da minha filha. Uma paixão arrebatadora, parecida com a que outras adolescentes, de outras épocas, sentiram por Menudo, Backstreet Boys, New Kids on the Block, 'N Sync e outros grupos do tipo. Não muito diferente, talvez, do frenesi e da histeria que marcaram os primeiros shows dos Beatles, quando eles eram praticamente uma *boy band*, no início dos anos 1960.

Mas havia uma diferença colossal: os Beatles não foram um grupo pré-fabricado, como a maioria das *boy bands*, que são criadas, formatadas e comercializadas por um produtor esperto e antenado com o que os garotos e as garotas querem ouvir e ver. Os Beatles foram se formando aos poucos, fazendo seus shows em porões, botecos, espeluncas, e só viraram um fenômeno por conta de muito suor e do talento absurdo de Paul, John e George. Ok, e Ringo.

Mas vai tentar explicar isso pra sua filha, que grudou pôsteres da *Capricho* e *Atrevida* em todas as paredes do quarto. Vai explicar isso para uma adolescente que baixou no iPod as trinta músicas oficiais do grupo e garimpou na internet dezenas de versões não oficiais, gravações feitas em programas de rádio, ou nos episódios do "X Factor", *reality show* em que os cinco *boys* do 1D se apresentaram separadamente, sem se conhecerem, e onde o tal produtor esperto e antenado (no caso, o Simon Cowell) sacou que tinha em mãos uma mina de ouro e resolveu reunir numa só banda cinco rapazes bonitos que, por incrível que pareça, realmente sabiam cantar!

O primeiro single do grupo, "What Makes You Beautiful", foi um sucesso estrondoso, a ponto de os garotos serem convidados para cantar ao vivo no encerramento das Olimpíadas de Londres, e daí pra frente a idolatria só cresceu.

Quando dei por mim, eu era um pai que amava os Beatles e os Rolling Stones, que idolatrava Chico Buarque e Tom Jobim, que cultuava Gershwin e Cole Porter, mas que tinha em casa uma

Directioner. Isso mesmo, uma *Directioner*. Logo aprendi que a meninada hoje em dia se engaja em torcidas organizadas (ou *fanbases*, pra usar o termo em inglês que elas preferem): além das *Directioners*, existem as *Beliebers* — do Justin Bieber; as *Swifties* — da Taylor Swift; as *Smilers* — da Miley Cyrus — e dezenas de outras de que eu nunca ouvi falar e que se renovam todo ano.

Minha primeira reação foi de decepção, e até remorso: o que eu tinha feito de errado, como pai, para minha filha virar uma consumidora febril dessa pop music tão descartável? Não foi falta de comprar (e ouvir com ela) os CDs dos Saltimbancos, Arca de Noé, Palavra Cantada, Adriana Partimpim etc. Como explicar, então?

Em pouco tempo, porém, a decepção foi se transformando em curiosidade, surpresa e até mesmo empolgação, quando percebi que a cada dia minha filha vinha me perguntar sobre músicos e bandas tão variados como Stevie Wonder, Elton John, Oasis, Beatles, Kings of Leon e muitos outros. Ela me mostrava músicas desse pessoal e perguntava se eu conhecia, se gostava, se tinha os CDs em casa. Um dia, chegou aos prantos pra me contar que soube que o Stevie Wonder era cego e tinha composto "Isn't She Lovely?" no dia em que a filha nasceu. "Pai, ele nunca vai ver o rosto da filha!", a Sofia soluçava, arrasada.

De onde vinha todo aquele apetite musical? Ora, ora, quem diria: no tal programa "X Factor" os candidatos tinham que mostrar versatilidade e acabavam cantando canções de tudo quanto era gênero e origem. E, em sua volúpia pra conhecer cada detalhe de sua banda favorita (e o Leo adolescente não era assim também, com o Queen, o Pink Floyd, o Led Zeppelin?), a Sofia foi ampliando seu repertório musical.

Ao mesmo tempo, ela foi se interessando pela fome na África (pois o 1D gravou um clipe lá e doou a renda pras crianças africanas), pela luta contra a homofobia (já que os garotos da banda também se engajaram nessa luta), pela luta antibullying (idem ibidem), e por aí vai.

E, assim, meu preconceito de pai roqueiro intelectual foi sendo desmoralizado. Fui obrigado a elaborar uma espécie de *Boy Band Theory*, uma teoria de como conhecer a música (e o mundo) a partir da paixão por uma simples (simples?) *boy band*.

Foi quando a Sofia apareceu com a proposta inusitada: não ia querer nenhum presente no Dia das Crianças, no Natal, no aniversário, nada. Ela pedia que eu, minha mulher, os avós, tios e padrinhos, todos déssemos presente em dinheiro, que ela iria guardar para ir no show do 1D em Miami, no ano seguinte. E perguntou se eu topava levá-la.

Como recusar um pedido daqueles?

Alguns meses depois, estávamos nós dois ali, num ginásio em Miami com 20 mil pessoas, sendo umas 15 mil garotas, 4.900 mães, algumas dezenas de garotos e uns poucos pais.

Gritos, lágrimas, tremeliques, cartazes com declarações de amor a cada um dos cantores, fotos, *selfies*, vídeos, mais gritos, mais gritos, mais gritos. Minha filha me deu um abraço apertado e um beijo de obrigado. *That's what makes HER beautiful* [em bom português: é isso que a deixa linda].

LEO CUNHA

Cresci numa família musical. Minha avó era professora de piano e meu avô tocava trombone. Meus pais tinham muitos LPs em casa. Desde cedo me encantei pela música, principalmente pelo rock. Comecei minha coleção particular ainda adolescente e até hoje tenho centenas de vinis e CDs. Na adolescência, passei também a ir a shows de rock, que renderam algumas das crônicas deste livro. Desde 1993, já publiquei mais de 70 livros — a maioria para crianças ou adolescentes — e recebi prêmios importantes, como o Nestlé, Jabuti, FNLIJ, Biblioteca Nacional.

ROSANA RIOS

Música é tudo de bom e faz parte da minha vida desde que aprendi a falar — e a cantar. Quando descobri o rock, nos anos 1960, foi amor à primeira... ouvida. Nunca mais parei de ouvir e de cantar com minhas bandas favoritas. As crônicas que escrevi para este livro, provocadas pelo querido Leo, trazem um pouquinho dessa paixão. Aqui em casa, os vinis e CDs dividem espaço com os milhares de livros da biblioteca. Comecei a publicar obras para a infância e a adolescência em 1988 (este deve ser meu livro número 184)... e, assim como o Leo, também recebi esses prêmios importantes — Nestlé, Jabuti, FNLIJ, Biblioteca Nacional. E vamos de rock!

Este livro foi composto com as tipografias
Alegreya e Westsac e impresso em papel
offset 120 g, em 2022.